BOEKANALYSE

AF136993

Bel Ami

· · · · · · · · · · · · · · · · ·

GUY DE MAUPASSANT

BOEKANALYSE

Geschreven door Baptiste Frankinet
Vertaald door Nikki Claes

Bel Ami

Guy de Maupassant

GUY DE MAUPASSANT

FRANS ROMANSCHRIJVER EN SCHRIJVER VAN KORTE VERHALEN

- **Geboren in Tourville-sur-Arques in 1850**
- **Overleden in Parijs in 1893**
- **Opmerkelijke werken:**
  - *Boule de suif* (1880), kort verhaal
  - *Contes de la Bécasse* (1883), korte verhalenbundel
  - *Bel Ami* (1885), roman

Guy de Maupassant, geboren in 1850, was een Franse schrijver die in totaal zes romans en meer dan driehonderd korte verhalen schreef. Hij bracht zijn jeugd door in Normandië, waar hij rechten ging studeren. In 1870 nam hij als vrijwilliger deel aan de Frans-Pruisische oorlog, voordat hij naar Parijs verhuisde waar hij als ambtenaar werkte. Gustave Flaubert, een vriend van zijn moeder, nam hem onder zijn hoede en introduceerde hem in de literaire kringen. Hij mengde zich onder de realistische en naturalistische schrijvers van zijn tijd, waaronder Émile Zola. Van 1880 tot 1890 schreef hij romans (*Une Vie, Bel Ami*) en vele realistische korte verhalen (*Boule de suif, La Maison Tellier*, enz.) en fantastische korte verhalen (*De Horla, Angst*, enz.) waarin hij zijn pessimistische visie op de maatschappij uiteenzette. Hij zonk in 1890 in krankzinnigheid en stierf in 1893.

BEL AMI

EEN BEELD VAN DE SAMENLEVING

- **Genre:** realistische roman
- **Referentie uitgave:** De Maupassant, G. (Onbekend) *Bel-Ami.* Lausanne: Éditions Rencontre.
- **Eerste uitgave:** 1885
- **Thema's:** vrouwen, liefde, beroepsveld, sociale stijging, kolonialisme

Bel Ami, een realistische roman uit 1885, vertelt over de sociale stijging van een provinciaal die in Parijs aankomt, Georges Duroy. Maupassant gebruikte zijn verhaal om de maatschappij waarin hij leefde te portretteren en kritiek te leveren op de koloniale politiek en de invloed van vrouwen op de beroepswereld, met name de wereld van de pers. Via zijn held deelt de auteur zijn eigen ervaringen en soms gaat Georges Duroy over als een literaire transpositie van Maupassant.

Veel regisseurs en scenarioschrijvers zijn gegrepen door het realisme van het verhaal en hebben met hun bewerkingen bijgedragen aan het intergenerationele succes van de roman.

SAMENVATTING

DEEL ÉÉN – VAN EEN MIDDELMATIG LEVEN NAAR EEN COMFORTABELE SITUATIE

Georges Duroy, een voormalig soldaat die in Parijs woont, wordt gedreven door een onverzadigbaar verlangen om te slagen in de wereld. Door het geluk ontmoet hij een voormalige kameraad van het regiment, Charles Forestier. Charles heeft groot maatschappelijk succes geboekt, want hij is politiek redacteur van *La Vie Française*. Hij raadt zijn vriend sterk aan zijn eigen weg te volgen en biedt hem een duwtje in de rug: een uitnodiging voor een diner bij hem thuis.

Aan dit diner nemen Monsieur en Madame Forestier deel, Madame de Marelle, een vriendin van het echtpaar, en haar dochter, alsmede Monsieur Walter, de eigenaar en hoofdredacteur van *La Vie Française*, en zijn vrouw. De drie vrouwen bewonderen voortdurend Duroy's geestkracht, en Monsieur Walter biedt hem aan hem aan te nemen als klerk en redacteur van een kleine rubriek waarin hij zijn herinneringen aan de oorlog zal vertellen. Maar al snel beseft Duroy hoe weinig hij weet van dit soort oefeningen, die hij nog nooit heeft gedaan. Hij vraagt dan de hulp van zijn vriend Forestier, die hem in handen geeft van zijn vrouw, die zelf een expert is in de kunst van het artikelen schrijven. De volgende dag ontdekt Duroy het plezier van het lezen van zijn eigen artikel. Beetje bij beetje raakt hij vertrouwd met het dagelijkse werk aan de krant, maar hij boekt geen vooruitgang in de schrijfkunst en wordt gedwongen zijn column op te geven.

Op aanraden van Madame Forestier bezoekt Duroy regelmatig Madame de Marelle. Al snel begint hij haar het hof te maken, hoewel ze getrouwd is. Ze zwicht voor degene die ze Bel Ami noemt en wordt zijn minnares. Duroy is nu echter gedwongen een grotere levensstijl te leiden dan hij zich kan veroorloven. Zijn schulden en leningen vermenigvuldigen zich, en hij is verplicht om met pijn in zijn hart financiële giften te accepteren van Madame de Marelle, die veel rijker is dan hij. Op een dag verneemt zij echter dat hij andere vrouwen het hof blijft maken en besluit hem onmiddellijk te verlaten.

Duroy maakt van de gelegenheid gebruik om Madame Forestier het hof te maken. Zij duwt hem weg en raadt hem aan Madame Walter te bezoeken. Hij volgt haar advies op en toont zijn flair en boosaardigheid ten overstaan van een groep daar aanwezige gasten. De volgende dag krijgt hij een belangrijkere baan, met een beter salaris, en wordt hij uitgenodigd voor alle diners die de familie Walter organiseert. Vanaf dat moment staat Duroy op hetzelfde sociale niveau als Forestier. Ondertussen lijdt deze laatste aan een hoest die hem dwingt Parijs te verlaten en naar Cannes te gaan.

De positie van sociaal redacteur die Duroy dankzij zijn verleidingskracht heeft verworven, levert hem zowel vijanden als vrienden op. Hij wordt scherp bekritiseerd door een anonieme schrijver in een concurrerende krant. Wanneer hij de identiteit van deze criticus ontdekt, daagt hij hem uit voor een duel. Gelukkig verwonden de wapens die bij dit duel worden gebruikt geen van beide vijanden. Duroy komt eruit met een nog grotere uitstraling, die zijn positie in de krant nog versterkt en verbetert.

In de dagen die volgen schrijft Madeleine Forestier aan Bel Ami dat de dagen van haar man geteld zijn. Duroy spoedt zich naar het bed van zijn vriend en blijft bij hem tot diens dood enkele dagen later. Op de dag van de begrafenis raapt hij de moed bij elkaar en bekent voor de tweede keer zijn liefde aan Madeleine. Zij vraagt hem geduld te hebben.

DEEL TWEE – SOCIALE ERKENNING BEREIKEN

Madeleine trouwt met Bel Ami, maar niet zonder hem aan te moedigen zich voor te doen als een provinciale edelman: Du Roy de Cantel. Ze staat er ook op dat ze de ouders van haar man bezoeken. Tussen Madeleine en Duroy's familie gaapt echter een enorme kloof. Deze kloof is het eerste probleem, en andere volgen al snel: Bel Ami vervangt Forestier in zijn functie en de vergelijking tussen hen wordt moeilijk te verdragen. Bovendien komen de mensen rond het echtpaar Forestier – Comte de Vaudrec, Laroche-Mathieu, enz. – verschijnen bij het echtpaar alsof er niets veranderd is.

Om deze redenen, en vooral omdat Madeleine zwijgt tegenover zijn problemen, wendt Duroy zich af van zijn vrouw en hervat zijn ontmoetingen met Madame de Marelle. Bovendien verleidt hij Madame Walter. Madame Walter geeft toe, maar niet zonder wroeging.

Bij de krant brengt een door Madeleine Duroy georganiseerde perscampagne de ondergang van het ministerie van Buitenlandse Zaken. Hierdoor wordt Laroche-Mathieu minister en wordt de krant het belangrijkste communicatiemiddel van het ministerie. Voortaan is *La Vie Française* niet langer een tweederangs krant, maar een referentiepunt in de perswereld. Bel Ami maakt hiervan gebruik om zijn column te hervatten.

De minister misleidt Duroy echter opzettelijk voor zijn eigen belangen. Hij suggereert in de pers dat Frankrijk zijn interesse in Marokko heeft verloren en laat Spanje daar in een wurggreep komen. Maar kort daarna geeft hij het leger opdracht Marokko binnen te vallen. Omdat de publieke opinie niet op de hoogte was van deze gebeurtenis, is de rente op Marokkaanse leningen niet gestegen. Van hun kant hebben Laroche-Mathieu en enkele anderen hiervan geprofiteerd door goedkope aandelen van deze lening te kopen, voordat ze door Frankrijk tegen een hogere prijs worden terugbetaald. De minister, Walter en anderen, die deze voorkennis delen, worden rijk over de rug van Duroy. Madame Walter, verliefd op Bel Ami, onthult wat er gebeurt en stelt voor dat hij ook een aandeel in de lening koopt. Hij stemt toe, maar hij is al teleurgesteld in de flauwe relatie die hij heeft met de vrouw van zijn baas. Hij laat haar ongegeneerd in de steek.

Kort daarna wordt Comte de Vaudrec, een goede vriend van Madeleine, erg ziek. Hij sterft en laat zijn hele fortuin na aan zijn vriend. Geërgerd omdat hij niet in het testament voorkomt, eist Duroy de helft van de erfenis op om niet de schande te hoeven dragen van een bedrogen echtgenoot. Duroy en

Madeleine zijn nu in het bezit van een fortuin van enkele miljoenen.

Dit is echter niet genoeg voor Bel Ami. Zijn baas heeft bijna 50 miljoen verdiend aan de Marokko-affaire en is een van de meesters van de wereld geworden. Madame Walter probeert zoveel mogelijk om Bel Ami ervan te laten profiteren, maar hij maakt zich ogenschijnlijk van haar los. Alleen Suzanne, de jongste dochter van de Walters, interesseert hem. Tijdens een modieus diner, georganiseerd in het nieuwe huis van de Walters, merkt Bel Ami dat Laroche-Mathieu gehecht is aan Madeleine. Hij besluit gebruik te maken van de ongemakkelijke situatie waarin hij door zijn ontrouwe vrouw terecht is gekomen.

Een paar dagen later betrapt Duroy Laroche-Mathieu en Madeleine op overspel. Deze onthulling brengt hem ertoe een scheiding aan te vragen. De pers krijgt lucht van de affaire en brengt de minister ten val. De krant wil niet samen met hem begraven worden, maar geeft er de voorkeur aan hem aan te klagen en sterker terug te komen.

De maanden die volgen verzekeren het totale succes van Duroy: hij slaagt erin Suzanne te overtuigen met hem te trouwen en om de ouders van de jonge vrouw te laten instemmen met het huwelijk ontvoert hij haar. In het nauw gedreven stemt Walter toe, hoewel zijn vrouw in een soort waanzin verwikkeld is bij het zien dat haar vroegere minnaar de echtgenoot van haar dochter wordt.

De inwijding van Bel Ami's carrière valt samen met zijn huwelijk. De kerk van Madeleine zit vol voor hun huwelijk, alsof ze koninklijk zijn. Dit is de apotheose van zijn hemelvaart

KARAKTERSTUDIE

MANNELIJKE PERSONAGES

Georges Duroy/Bel Ami

Georges Duroy komt aanvankelijk over als een gewoon personage. Zijn persoonlijkheid wordt echter gekenmerkt door een ongelooflijke ambitie: hij wil rijk en machtig zijn en iemand worden die iedereen overtreft met zijn succes.

Doorheen de roman volgt de held een progressief parcours. Met uitzondering van de eerste etappe, die hij aflegt met de hulp van Forestier, wordt elke stap van zijn opgang bereikt door de tussenkomst van een vrouw: Madeleine, Madame Walter, dan Suzanne Walter. Vreemd genoeg kan Bel Ami vertrouwen op de charme die hij op vrouwen uitoefent. Maar deze overwinningen alleen, die te gemakkelijk te veroveren zijn, kunnen niet leiden tot zijn succes. Duroy is intelligent genoeg om niet te snel te veel status na te streven. Terwijl zijn carrière een hoge vlucht neemt, neemt hij de tijd om elke taak die hem wordt toevertrouwd onder de knie te krijgen. Hij wordt een professioneel schrijver, zijn flair wordt steeds scherper en zijn karakter verhardt geleidelijk. Zijn succes is dus ook te danken aan zijn kennis van het sociale, morele en politieke milieu waarin hij zich beweegt. Hij is in hoge mate een opportunist.

Sommigen hebben de gelijkenis van Maupassant met het karakter van Georges Duroy opgemerkt. Het is waar dat de overeenkomsten soms significant zijn: hetzelfde fysieke uiterlijk, dezelfde weg, dezelfde vastberadenheid om te slagen. Misschien vertelde Maupassant in feite zijn eigen verhaal via dat van zijn held.

Charles Forestier

In de eerste hoofdstukken vertegenwoordigt Forestier iemand die geslaagd is: hij heeft een uitstekende baan, een mooie vrouw en leidt een werelds leven. Voor Duroy is hij een rolmodel om na te volgen, een stille kracht voor wie succes gemakkelijk komt.

Forestier is echter niet zo'n sterk personage als Bel Ami. De lezer ontdekt dat hij veel beperkingen heeft: hij is een marionet, gemanipuleerd door zijn vrouw, aan wie hij al zijn succes te danken heeft; hij lijdt aan een zwakke gezondheid; de angst voor de dood kwelt hem, zelfs in zijn laatste momenten.

In de loop van het verhaal neemt Forestier niet langer de positie van rolmodel in, maar wordt hij de gelijke van Duroy. Na zijn dood, wanneer Duroy zijn plaats inneemt in het huishouden, wordt Forestier een gehate man die is overtroffen en gedevalueerd.

Laroche-Mathieu

  Laroche-Mathieu is een inconsequente politicus die zich door niets anders laat leiden dan door hebzucht. Eigenlijk staat Laroche-Mathieu niet garant voor zijn eigen succes; hij slaagt dankzij de bijdragen van anderen: Walter maakt van hem zijn alter ego in de politiek en Madeleine organiseert zijn promotiecampagne. Helaas voor hem kan hij de valkuilen niet vermijden en faalt hij wanneer hij geconfronteerd wordt met een sterkere kracht. Het schandaal veroorzaakt door de bekentenis van overspel overleeft hij niet.

Monsieur Walter

Monsieur Walter is rijk, dorstig naar macht en gemakkelijk geld en heeft de krant opgericht om zijn aandelen op de beurs te ondersteunen. Maar terwijl hij van iedereen profiteert, dwingt hij Duroy zijn eer te verdedigen met gevaar voor eigen leven. Hij is een manipulatief personage dat iedereen voor de gek probeert te houden. Wanneer hij vervolgens voor de gek wordt gehouden door iemand die sterker is dan hij, geeft hij zijn nederlaag toe door de hand van zijn dochter aan Bel Ami te geven.

VROUWELIJKE PERSONAGES

Clotilde de Marelle

Duroy's eerste romantische en wereldse overwinning, Clotilde de Marelle blijft een voortdurende steun voor hem en het object van herhaald verlangen, zelfs na de twee huwelijken van Bel Ami. Deze gehechtheid die hij behoudt houdt ongetwijfeld verband met het feit dat hij haar niet hoefde te verleiden voor een sociaal-professionele promotie.

Madeleine Forestier-Duroy

Madeleine is een aantrekkelijke maar mysterieuze vrouw die niets van haar afkomst prijsgeeft. Haar kalmte en rust zijn bewonderenswaardig, waardoor ze elke situatie aankan, zelfs de meest gênante. Ze leidt haar leven als een zakenman en geeft zich alleen aan een man als ze er zeker van is dat er voordelen tegenover staan: Forestier dient als spreekbuis; Duroy herneemt de rol van de laatste; Comte de Vaudrec verzekert haar van een bruidsschat en financiële welvaart; Laroche-Mathieu vult haar salon met de sociale wereld. Zij is het toonbeeld van een moderne vrouw die haar eigen leven leidt, mannen in haar voordeel gebruikt, vaak ondanks zichzelf en vrijheid boven elke andere waarde stelt, vooral boven trouw.

Mevrouw Walter

Vroeg in de roman belichaamt Madame Walter de eerlijke vrouw die trouw is aan haar man, ook al houdt ze niet van hem. Ze heeft nooit een liefdesgeschiedenis gekend. Wanneer Bel Ami in haar leven komt, trekt ze al haar principes in twijfel en stemt ze ermee in zich aan hem over te geven. Maar deze gave vergt inspanning omdat ze verscheurd blijft tussen rede en passie.

Naïef in de liefde, weet zij niettemin moeilijke zaken aan te pakken en heeft zij een goed inzicht in politieke en economische situaties. Bel Ami profiteert ook van haar intelligentie.

Wanneer Bel Ami haar verwaarloost, raakt ze gekwetst, neemt een vrome houding aan en toont berouw. Bij de aankondiging van het hertrouwen van Duroy lijdt ze onder de situatie waarin ze verkeert. Ze gaat haar eigen dochter bijna haten omdat ze door haar vroegere minnaar is uitgekozen. Haar passie, die oncontroleerbaar wordt, verandert in dementie.

Suzanne Walter

Suzanne is, net als haar moeder, een naïeve vrouw. Ze is opgevoed in een burgerlijk milieu dat haar niet heeft voorbereid op de valkuilen van het echte leven. Haar dromen en ideeën over de liefde verblinden haar en beletten haar met onderscheidingsvermogen te reageren. Haar hart is ongerept en zuiver. Ze laat zich meeslepen door de beloften van Bel Ami en handelt met de koppigheid van haar jeugd.

In de ogen van Bel Ami, ook al vindt hij bepaalde charmes aantrekkelijk aan haar, vertegenwoordigt zij maar één ding. Zij is zijn ticket naar een leven waar iedereen jaloers op is.

ANALYSE

VROUWEN EN LIEFDE

Vrouwen spelen in dit verhaal niet de rol van perfecte echtgenotes of geïdealiseerde minnaressen, zoals in de meeste romans van vorige generaties het geval is. Ze hebben een nieuwe en specifieke rol: sociale vooruitgang mogelijk maken. Volgens dit principe heeft Bel Ami geen tijd om van een vrouw te houden, omdat elke relatie hem in staat stelt een stap vooruit te zetten en door te gaan naar de volgende fase – en de volgende vrouw.

Maar hoewel de vrouwen succes toestaan, weerhoudt dit hen er niet van om zelf overspel te plegen. Ze bedriegen hun mannen met of zonder hun toestemming. Deze regel geldt voor alle vrouwen: Clotilde en Madeleine, die vrijer zijn, maar ook, en vooral, Madame Walter, hoe burgerlijk en christelijk ze ook is. Liefde is niet mogelijk tussen mensen omdat ze naast elkaar leven terwijl ze liegen en elkaar volledig negeren.

Evenzo wordt het huwelijk niet gezien als een daad van liefde. Het is, in de woorden van Madeleine, een "partnerschap" dat vooral volledige vrijheid binnen de huwelijksrelatie vereist (Eerste deel, hoofdstuk 8). Aan het eind van de roman is het huwelijk voor Duroy ook een persoonlijke inwijding.

Kortom, vrouwen zijn voor Bel Ami van tweeërlei aard: ofwel zijn ze vrije opvoeders die hem in staat stellen in te rijden en zich in de wereld te vestigen, zoals Madeleine en Clotilde;

ofwel zijn ze slechts opstapjes naar maatschappelijk succes, zoals de Walter-vrouwen.

EEN SATIRE VAN DE PERS

Bel Ami laat zien dat kranten de eerste kracht zijn van elk regime, wat dat ook moge zijn. In deze roman is de krant *La Vie Française*.

Een krant dankt haar reputatie in de eerste plaats aan het beeld dat zij naar buiten toe uitstraalt. Dit is het opdringen aan de ogen van anderen, en dat is wat de krant doet, vooral wanneer we de bijeenkomst van de redactie te zien krijgen die zich bezighoudt met een kop- en balspel. Imago is ook de reden waarom Walter Duroy dwingt het duel aan te gaan met de man die hem openlijk bekritiseerde.

Het centrum van de krant zijn de *Echo's*: "Door hen worden geruchten in gang gezet en het publiek en de financiële markten beïnvloed" (Eerste deel, hoofdstuk 6). Duroy, hoofd van de *Echo's*, wordt degene die alles creëert en vernietigt, en degene die raadt wat het publiek zal bevallen. Informatie is hier niets anders dan manipulatie en het succes van de krant hangt uiteindelijk af van de deskundigheid van de columnist.

Ten slotte moeten we erkennen dat de pers in dit universum almachtig is wanneer ze medeplichtig wordt aan de politiek. Via de pers slaagt Duroy erin het karakter van Laroche-Mathieu, de toekomstige minister en ideale persoon voor de functie, op te bouwen, maar hij slaagt er ook in het snel af te breken, gewetenloos en in slechts enkele scherpe lijnen. Pers en geld beheersen zo de politiek en beheersen de hele Derde Republiek.

EEN ROMAN TUSSEN REALISME EN NATURALISME

Bij de publicatie werd de roman geïdentificeerd als een realistische roman:

- Maupassant beschrijft inderdaad een reëel universum: geld, politiek en journalistiek waren realistische thema's die al door Balzac (een pionier van het realisme in de literatuur, 1799-1850) werden behandeld;

- De personages, die passies en ondeugden belichamen, zijn ook realistisch dankzij de nauwgezette beschrijvingen van de auteur en hun verschillende karakters;

- De roman speelt zich af in een context die duidelijk verbonden is met een reële periode: de Derde Republiek. De "Tunesische affaire", die in 1881 de Franse financiële wereld op zijn grondvesten deed schudden, komt regel voor regel terug in de "Marokko-affaire".

 GOED OM TE WETEN: REALISME

Het realisme is een literaire stroming die opkwam in het midden van de negentiende eeuw. Het wordt gekenmerkt door het verlangen de werkelijkheid na te bootsen: voor schrijvers is het doel zo objectief mogelijk te zijn. Daarom proberen ze niet langer te idealiseren wat ze beschrijven, maar de werkelijkheid precies zo te beschrijven als ze is.

Sommigen hebben zelfs beweerd dat *Bel Ami* een naturalistische roman is. Het is waar dat alle kleine details die het portret van de personages fixeren, de zwerm van mensen in een wereld van winst en vooral de keuze van een specifieke plaats als studiepunt overeenkomsten vertonen met de roman *Geld* van Zola (belangrijke figuur van het naturalisme, 1840-1902). Maupassant heeft het over dingen die hij uit ervaring kent en die hij tot in detail kan beschrijven. In dit licht bezien heeft de roman echt een naturalistisch perspectief: Maupassant plaatst zijn personages in een precies bestaansveld, dat van het geld en de pers, en observeert hun evolutie in dit veld.

In tegenstelling tot Zola weigert Maupassant echter van zijn roman een algemene wetenschappelijke studie te maken. Hij selecteert bepaalde sociale kringen die hij als prioriteit beschrijft: de bourgeoisie, de adel, de rijken en de geslaagden. Het kleine volk wordt volledig buiten zijn werk gehouden. Bovendien wordt Maupassants roman geleid door plotten: de dood van Forestier laat een positie open voor Duroy om met Madeleine te trouwen, hij trouwt niet religieus met haar, zodat hij daarna met Suzanne kan trouwen. Alles is geconstrueerd om in de plot te passen, niet om de mogelijke reacties van een personage in een bepaalde omgeving te bestuderen.

 ## GOED OM TE WETEN: NATURALISME

Naturalisme is een uitbreiding van het realisme. Naturalistische romanschrijvers willen laten zien hoe de mens gehoorzaamt aan een dubbel determinisme: hij wordt enerzijds beïnvloed door biologische erfelijkheid en anderzijds door de omgeving waarin hij leeft. Daartoe passen de schrijvers in hun werk een wetenschappelijke methode toe: na observatie van de werkelijkheid formuleren zij een hypothese en verifiëren deze door middel van experimenten. Zij plaatsen een bepaald personage in een precies verhaal en volgen de opeenvolging van gebeurtenissen die voortvloeien uit het hierboven beschreven dubbele determinisme. Deze benadering, die wetenschappelijk wil zijn, moet leiden tot een beter begrip van de mens.

AUTOBIOGRAFISCHE ELEMENTEN

Maupassant geeft zijn held enkele van zijn eigen trekjes, zijn snor, zijn smaak voor vrouwen en zijn eigen angsten. Beiden beleven vergelijkbare ervaringen en volgen een vergelijkbare weg. Toch is en blijft *Bel Ami* een werk van fictie; het is geen autobiografische roman.

Zoals bekend wordt een autobiografie gedefinieerd als "een introspectief prozaverhaal dat een echte persoon schrijft over zijn eigen bestaan, waarin zijn persoonlijke leven centraal staat, met name de geschiedenis van zijn persoonlijkheid (definitie van P. Lejeune, 1975). In een autobiografie is er dus een overeenkomst tussen de auteur, de verteller en de hoofdpersoon.

Hier vindt men het begin van een idee dat later door Proust (Franse schrijver, 1871-1922) in zijn romans is ontwikkeld: het beschrijven van een sociale omgeving en het vaststellen van een merkwaardige overeenkomst tussen de hoofdpersoon en de auteur. Proust ontkent autobiografische romans te hebben geschreven, met als stelling dat de verteller of het hoofdpersonage een andere "ik" is dan de echte auteur. Men kan zich gemakkelijk voorstellen dat Maupassant in *Bel Ami* voor dezelfde aanpak koos als Proust.

Elders in *Bel Ami vinden* we een sterke aanwezigheid van autotekstualiteit. Met Georges Duroy hergebruikt Maupassant het personage van kapitein Épivent, dat voorkomt in *Gil Blas*. Ook het thema van jaloerse echtgenoten en hun dode vrienden (hier Forestier), dat Maupassant al had geïntroduceerd in een kort verhaal getiteld *Zijn wreker, komt* erin voor.

VERDERE REFLECTIE

ENKELE VRAGEN OM OVER NA TE DENKEN...

- Leg uit waarom dit een coming-of-age verhaal is. Kan Georges Duroy beschouwd worden als een held? Leg je antwoord uit.

- Waarom voelt Bel Ami na de dood van Forestier niets anders dan afkeer voor zijn vroegere vriend?

- Hoe wordt de pers voorgesteld? Op welke manier is deze roman een satire op de pers?

- Hoe schildert Maupassant de burgerlijke wereld van zijn tijd? Denkt u dat hij een kritiek op deze wereld wilde publiceren?

- Kan deze roman beschouwd worden als noir fictie?

- Is deze roman volgens u meer realistisch of naturalistisch?

- Denk je dat *Bel Ami kan worden beschouwd* als een autobiografie?

- Deze roman is het onderwerp geweest van talrijke televisiebewerkingen. Waarom denk je dat het verhaal zo goed overkomt op het scherm?

VERDER LEZEN

REFERENTIE-UITGAVE

De Maupassant, G. (Onbekend) *Bel-Ami*. Lausanne: Éditions Rencontre.

REFERENTIESTUDIES

Botterel, C. en Delaisement, G. (1999) Bel-Ami *de Guy de Maupassant*. Parijs: Hatier.

AANPASSINGEN

Bel Ami is het onderwerp geweest van talrijke film- en televisie-bewerkingen, waaronder:

Bel Ami. (2012) [Film]. Declan Donnellan en Nick Ormerod. Dirs. UK/Italië: Redwave Films.

We horen graag van jou! Laat
een reactie achter op jouw online bibliotheek
en deel je favoriete boeken op social media!

De uitgever garandeert de betrouwbaarheid van de gepubliceerde informatie, die echter niet onder zijn verantwoordelijkheid valt.

www.50minutes.com

Master ISBN: 9782808687430
Papier ISBN: 9782808698832
Wettelijk depot: D/2023/12603/1163

Omslag: © Primento

Digitaal ontwerp: Primento, de digitale partner van uitgevers.